Vorwort

Wer ein besonders begabtes Kind unterrichtet oder sein Eigen
nennt, weiß, dass das nicht immer Zuckerschlecken ist. Das
gilt auch für das Kind, das mitunter an seiner Unfähigkeit zu
lernen leidet und den Enttäuschungen, die das ihm und den
Erwachsenen bereitet. Der gelangweilte Verstand schweift
immer wieder ab, der Text, den die Klasse vor sich hat, ist
längst gelesen und verstanden, und die schrittweise
Erarbeitung ermüdet die kleinen Überflieger – so kriegen sie
manche weitergehende Erklärung nicht mit und das rächt sich
dann bei den Klassenarbeiten.

Zudem sind diese „anderen" Kinder oft Mobbingopfer, sie
werden als „Klugscheißer", „Spinner" und „Streber"
beschimpft, mit der Klobürste malträtiert, damit sie sich
„auch mal wie Scheiße" fühlen, ihr Ranzen wird ausgekippt
und auf Büchern und Heften herumgetrampelt, damit sie von
den Lehrern ausgeschimpft werden, sie werden körperlich
attackiert, wie es Schelling in der Hölderlin-„Biographie" von
Peter Härtling gegangen sein kann (S.30). Wenn ich von
diesem Buchprojekt berichtete, steuerten die klugen
Erwachsenen weitere Horrorgeschichten bei, sodass ich damit
einige Seiten hätte füllen können. So wundert es nicht, wenn
Mütter erzählen, ihre Kinder wären lieber tot als dass sie
weiter zur Schule gehen müssen, wenn sie die Schule
schwänzen, Nägel kauen, aggressiv werden oder einnässen.
Die stabileren besonders Begabten suchen auf ihre Weise
Anerkennung in der Klasse: als Klassenclown (dann schimpft
der Lehrer auch mit ihnen und gleichzeitig können sie ihren
Verstand für den Witz nutzen), als starker Rowdy und
Anführer einer Kinder- oder Jugendgang (oft bei Jungen) oder
als unauffälliger Schüler, der evtl. sogar Fehler in
Klassenarbeiten einbaut, um nicht als Streber zu gelten (oft,

aber nicht nur bei Mädchen). Liv Ullmann hatte auf einen Zettel geschrieben „Livs Vater war ein Säufer" und ihn anonym in der Klasse herumgehen lassen, damit sie wenigstens das Mitleid ihrer Klassenkameraden bekam (S.15). Manchmal wird auch die vorhandene Langeweile beim Lernen zum Ruf eines faulen Schülers ausgebaut und diese Faulheit wird viele Jahre lang gepflegt.

Die Familie erfährt von den Problemen ihrer Kinder nur selten, weil sie, die häufig auch sehr sensibel sind, ihre Eltern nicht belasten wollen und keinen Ausweg aus ihrem Dilemma sehen, bei dem ihnen Erwachsene helfen könnten. Noch hoffnungsloser empfinden diejenigen, die nichts von der Ursache ihrer Probleme wissen, ihre Situation.

Zu dieser Problematik gibt es neuerdings schon viel Literatur: „Das Drama des hochbegabten Kindes", „Das Drama des begabten Kindes", „Das Drama der begabten Frau" u.a.

Mein Anliegen mit diesem Buch ist es, Betroffenen, Eltern und Erziehern Mut zu machen und sie zur Geduld zu ermuntern – ja, es gibt viele Probleme, vor allem in der Schule, aber oft entwickeln diese intellektuell oder musisch reich beschenkten Kinder trotz Schulabbruch oder mittelmäßigen Noten ihre Talente später zu ihrem eigenen Wohl und dem der Gesellschaft. Und die Eltern und Erzieher sind mitunter betrübter über den mangelnden Schulerfolg als die hier vorgestellten Persönlichkeiten. So heißt es in der Raabe-Biographie: „Raabe hat später niemals bedauert, daß die Unregelmäßigkeit seines Schulganges, sein frühzeitiger Hang zu allerlei Liebhabereien und wohl auch eine gewisse Trägheit verbunden mit Mangel an Ehrgeiz ihm das Einschlagen einer geordneten Berufslaufbahn oder einer gesicherten Lebensstellung erschwerten. Im Gegenteil, er sah auch darin eine besondere und glückliche Schicksalsfügung." (S.12f)

Meine tiefe Überzeugung ist es, dass es zu allen Zeiten auch besonders begabte Kinder gab, die in der Schule litten, deshalb habe ich verschiedene Biografien hauptsächlich danach durchforstet, wie die Schul- oder Unterrichtszeit von bekannten Persönlichkeiten verlief. Dabei ist mir bewusst, dass es des Öfteren zur Verklärung der Vergangenheit gekommen sein kann bzw. dass Biografen bei der Auswahl der Schulerlebnisse auch darauf achteten, wie sie diese Person darstellen wollten – und dass sie dazu sowohl Unschönes weglassen wie auch ihre eigene Deutung hinzufügen konnten. So werden in einer Biografie Schillers nachlassende oder schlechte Leistungen mit seinem Wachstum begründet (S. 63, 65), mit seiner Kränklichkeit (S.63, 65) oder damit, dass er sich zu sehr der Dichtkunst gewidmet habe (S.66).

Ergänzt habe ich die „alten" Biographien mit den Berichten lebender Hochbegabter, die ich hauptsächlich bei Mensa-Stammtischen und in der Bekanntschaft/Verwandtschaft befragen konnte.

Trotz der unterschiedlichen Schulsysteme in verschiedenen Jahrzehnten und Jahrhunderten lohnt es sich, die Schulzeiten zu betrachten – immer wieder finden sich Hinweise darauf, warum sich ein Schulversagen oder ein Schulerfolg einstellten. Manches, wie die Rolle der Lehrerpersönlichkeit, ist längst bekannt, anderes, wie die Rolle des Privatunterrichts, könnte auch noch Gegenstand der Forschung werden.

Daneben kann das Buch aber auch von verzweifelnden Eltern zum Trost gelesen werden. Aus wie vielen schlimmen Schulkarrieren ist dann doch noch ein Phönix aus der Asche entstiegen!

Exkurs 1: Schulpflicht und Unterrichtspflicht

Schulpflicht besteht in ganz Deutschland erst seit 1919, davor gab es je nach Region eine Unterrichtspflicht oder eine Schulpflicht. Mit dem Reichsschulpflichtgesetz von 1938 wurde in §12 der Schulzwang festgelegt: Die Polizei sollte die Kinder auch gewaltsam zur Schule bringen, wenn sie der Schulpflicht nicht nachkamen.

In vielen anderen Ländern besteht bis heute nur eine Unterrichtspflicht, z.B. den USA, Australien, aber auch Österreich, der Schweiz, Dänemark und Großbritannien. Ob die Kinder zu Hause unterrichtet werden, sich selbst unterrichten oder öffentliche Schulen besuchen bleibt ihnen überlassen, solange sie externe Prüfungen bestehen.

In Deutschland ist in manchen Bundesländern auf Antrag eine Befreiung von der Schulpflicht möglich, wenn das Kind in der Schule nicht angemessen unterrichtet werden kann.

Definition der besonders Begabten

Zur Erläuterung: Ich unterscheide nicht zwischen allgemein hochbegabten und evtl. einseitig besonders begabten Schülern. Zum einen hat es in der Vergangenheit noch nicht lange IQ-Tests gegeben und zum andern trennt jede besondere Begabung die Schüler von der Klasse und kann zur Vereinsamung und zur unerträglichen Langeweile in ihrem Spezialgebiet oder allgemein führen. Auch scheint es mir wahrscheinlich, dass Menschen, die als Erwachsene Besonderes geleistet haben, zu einem großen Teil auch breite intellektuelle Fähigkeiten mitbrachten und potentiell Mitglieder im Verein für Hochbegabte (Mensa) sein könnten, das gilt auch für herausragende Leistungen im musischen Bereich. Da gut zwei von hundert Menschen einen IQ von 130 und mehr haben, sind Hochbegabte nicht so selten, wie es oft vermutet wird. Zudem ist der IQ ein theoretisches Konstrukt mit einer bekannten Abweichungskomponente, ein Mensch mit gemessenem IQ von z.B. 126 kann durchaus an einem anderen Tag im Bereich der Hochbegabung liegen (über 130) oder auch unter dem gemessenen Wert. Deshalb ist mir das Erscheinungsbild der besonderen Persönlichkeiten wichtiger als ein Messwert, wo er allerdings vorliegt, wird auch gelegentlich darauf eingegangen.

Biologische Erkenntnisse zur Hochbegabung

Anne Eckerle hat sich der Frage, ob es organische Unterschiede zwischen Normalbegabten und Hochbegabten gibt, neurobiologisch gewidmet. So zitiert sie Forschungsergebnisse, nach denen, stark vereinfacht wiedergegeben, die Kortexentwicklung bei Kindern mit unterschiedlichem IQ jeweils anders abläuft. Und zwar findet sie bei Hochbegabten deutlich später statt als bei Normalbegabten. Das könnte zwei Auswirkungen haben: Zum einen bleibt der Verstand länger offen für neue Informationen, zum andern organisiert sich das Gehirn später. Die Flut an weiteren Inhalten führt nicht unbedingt dazu, dass frühzeitig an Gelerntes angeknüpft werden kann, weil es u.U. nicht ausreichend strukturiert gespeichert wird. Das bedeutet, dass nicht primär Unterforderung ein Grund fürs Schulversagen sein muss, sondern die Unfähigkeit, neues Wissen in das noch unstrukturierte Gehirn sinnvoll einzuordnen, was dann die Langweile verstärkt. Von daher plädiert sie nicht für Enrichment, das heißt die Anreicherung des normalen Unterrichts mit zusätzlichen Informationen und Aufgaben, das nur dann Sinn macht, wenn die Schüler sich in einer Gruppe ähnlich begabter die Inhalte selbst aneignen und damit in Vorwissen einordnen können. Hochbegabtenförderung müsste also den Schwerpunkt darauf legen, dass die Schüler sich und die Lerninhalte organisieren lernen. Erstaunlich ist damit der Werdegang von Goethe oder Marion Dönhoff, die trotz eines unsystematischen Unterrichts in der „Grundschulzeit" Herausragendes leisteten. Auch kann man bei Mensa-Stammtischen erleben, wie das Gespräch immer wieder von Assoziationen und weniger von Strukturen geleitet wird.

Darin sehe ich nicht nur einen Nachteil, sondern auch eine Ursache für Kreativität.

Im Zeit-Dossier „Wir waren mal schlauer" vom 28.03.2019 werden als äußere Gründe für einen geringeren IQ neben der Computernutzung Jodmangel und chemische Schadstoffe genannt, die die Schilddrüsenhormone beeinflussen, in der GEOkompakt-DVD von 2012 „Das Bewusstsein des Menschen" wird auf die Bedeutung von Omega-3-Fettsäuren für die Gehirnentwicklung eingegangen, schon länger bekannt ist, dass der IQ mit jedem absolvierten Schuljahr steigt. Wenn „nur" bis zu 70% des IQs genetisch festgelegt sind (S.14, Die Zeit), ist es sehr wichtig, die verbleibenden 30% zu klären.

Ist Begabung also stark biologisch bedingt? Und ist es damit egal, wie die Schulbildung aussieht?

I.   Schulprobleme bekannter Persönlichkeiten

1) *Disziplinprobleme und Außenseiterdasein*

„Ich war ein Klassenclown und ein Rebell, ich hätte nicht mein Lehrer sein wollen." (BZ vom 27.11.2017)

Schockrocker Alice Cooper, der mit seiner Band u.a. mit dem Anti-Schul-Song „School's out" den Durchbruch schaffte und schließlich einen Stern im Walk of Fame bekam, ist ein gutes Beispiel dafür, wie extrem sich kluge Kinder und Unterricht widersprechen können.

Gut, eine Begabung für Musik oder Malerei muss nicht unbedingt zu Schulfächern wie Physik passen, auch wenn Charly Chaplin glaubte, er hätte mit Taschenspielertricks durchaus einen Zugang zur Mathematik bekommen können. (S.39, Chaplin) Nun wurde und wird so aber leider meist (noch?) nicht unterrichtet.

Doch wie ist es mit anderen bekannten Persönlichkeiten, hatten sie es leichter in der Schule? Theologen, Politiker, Wissenschaftler? In den 62 durchforschten Biografien wird 40-mal von Konflikten mit Lehrern berichtet. Was nicht bedeutet, dass es bei den übrigen 22 Personen immer glattlief, möglicherweise werden Auseinandersetzungen nur nicht erwähnt. Und dabei geht es nicht um die üblichen Vorlieben und Abneigungen, die Schüler*innen bei ihren Lehrern erleben oder zumindest vermuten.

Selbst ausgesprochen gute Schulabsolventen hatten massive Disziplinprobleme. Rosa Luxemburg wurde deshalb, trotz eines hervorragenden Abschlusszeugnisses, „wegen oppositioneller Haltung gegenüber den Behörden'" die Ehrung versagt (S.25) und Albert Einstein verließ mit guten

Noten ein Jahr vor dem Abitur seine alte Schule, weil ein Lehrer ihm sagte, er wolle ihn nie wieder sehen.

Auch in vielen anderen Biographien wird der Konflikt mit Lehrern thematisiert. Der spätere Theologe Karl Barth bewahrte sogar zwei Haare auf, die ihm ein Lehrer in einem Wutanfall ausgerissen hatte (S.32). Debussys Lehrer ließ den Flügeldeckel auf die Finger seines Schülers knallen, weil er sich so provoziert fühlte (S.20). Und ein hochbegabter Schüler aus der heutigen Zeit erzählte, dass der Lehrer sich von seinem demonstrativen Desinteresse dazu hinreißen ließ, ihm den Stuhl unter der Sitzfläche wegzuziehen. Biografen beschreiben denn auch häufig den schwierigen Charakter dieser Schüler: Debussy wird als spottlustig, hochmütig, kontaktarm und rebellisch beschrieben, Jonathan Swift verspottete seine Lehrer in Gedichtform. Marcel Reich-Ranicki wird eine lebenslange Neigung zum Trotz nachgesagt, Ernst Jünger als sperrig, eigenwillig und selbstbewusst beschrieben. Dickköpfig werden Albert Schweitzer und Marion Dönhoff genannt, bei Lessing „eine Neigung zu Eigenwilligkeit und Keckheit" gesehen.

Im Mensa-Magazin vom Dezember 2017 wird von einer Untersuchung von Scott Barry Kaufmann an der University von Pennsylvania berichtet, an der 478 Probanden teilnahmen. Kaufmann wollte herausfinden, ob ein hoher IQ auch mit Persönlichkeitsmerkmalen korreliert. Das war meist nicht der Fall, außer natürlich bei der höheren Geschwindigkeit bei Informationsaufnahme und Verarbeitung und erstaunlicherweise einer Tendenz zu provozierendem Verhalten (S XIV f). Also sind Ausnahmepersönlichkeiten nicht immer pflegeleichte Schüler, sie fordern und überfordern schon mal ihre Erzieher und ecken mit ihrer Art des Öfteren auch bei Mitschülern an.

Wen wundert´s, dass sie dann häufig Außenseiter in ihrer Klasse sind. In 19 Biografien wird ihre zumindest zeitweise Isolation erwähnt. Dabei will ich nicht ausschließen, dass die ein- oder andere Persönlichkeit auch ohne Hochbegabung einen etwas schwierigeren Charakter mitgebracht hat, die Untersuchung von Kaufmann geht ja ansonsten von einer normalen Verteilung von Persönlichkeitsmerkmalen aus. Ich habe grundsätzlich darauf verzichtet, den Charakter oder Lebensweg der porträtierten Persönlichkeiten zu beurteilen, das lässt sich aus der Distanz nie gerecht bewerkstelligen. Doch ist die Häufung von Disziplinproblemen augenfällig.

Vom Intellekt her den anderen weit voraus und im Bewusstsein ihres außergewöhnlichen Verstandes oft hochmütig, finden sie nur schwer Freunde unter Gleichaltrigen. Wenn dann noch äußere trennende Umstände dazukommen wie z.B. eine andere Religion (Judentum: Marcel Reich-Ranicki, Woody Allen, u.a.) oder die Rolle als fremdes Flüchtlingskind (Eva-Maria Hagen z.B.) oder der vom Nachmittagsunterricht befreite Pianist Glenn Gould (S. 19), ist die Einsamkeit häufig nicht zu überwinden und verstärkt die Gefahr, gemobbt zu werden. Leo Tolstoi, der als Kind aus dem Unterrichtszimmer im 2. Stock sprang, angeblich weil er glaubte, fliegen zu können (S.9, S. 83, Bron, Jean), hatte vielleicht auch Probleme in der Kleingruppe, in der er unterrichtet wurde – eine ungerechte Bestrafung oder die Ablehnung durch seinen Lehrer oder seine Großmutter oder Gleichaltrige könnten der wahre Grund gewesen sein. Die Umgebung neigt dazu, solche Probleme zu verschleiern.

Nun, die Klugen tendieren zum Provozieren, sind häufiger Außenseiter – aber müsste man mit einer großen Begabung nicht automatisch auch ein guter Schüler sein?

2) Schulform und Schulerfolg

Immerhin 24 der untersuchten Personen waren tatsächlich gute Schüler, 29 haben mittlere bis schlechte Abschlüsse gehabt, einige davon sind vor dem Ende der Schulzeit abgegangen. Bei acht Personen fand ich nichts Detailliertes über den Schulerfolg.

Natürlich gibt es auch äußere gute Gründe, die Schule vorzeitig zu verlassen – mangelndes Geld oder eine frühe Heirat wie bei Jehan Sadat. (S.137)

Aber häufiger flohen sie vor der Disziplin, hatten eine starke Lernunlust wie Woody Allen, der sich weigerte, Hausaufgaben zu machen, weil das Weltall eh auseinanderfliegt (S.25), oder sie lehnten zumindest die Fächer ab, die sie nicht interessierten.

Und dann gab/gibt es die Schüler, die eine Unlust zu lernen in eine Stärke uminterpretierten. Dazu eine Passage aus der Thomas-Mann-Biografie (S.40):

„Tommy aber legte geradezu Wert darauf, ein miserabler Schüler zu sein, ... Wusste nicht jeder Pennäler, dass Bismarcks Aufführung in der Schule eine glatte Katastrophe gewesen war? War das Versagen in der Schule nicht die Voraussetzung, ein bedeutendes Leben zu führen? Gab es nicht neben dem Kanzler Beispiele genug, die demonstrierten, dass Schulgescheitheit mit höherem Wissen nicht das Geringste zu schaffen hat?".

Oder, wie Bertolt Brecht etwas überheblich sagte: „Die Volksschule langweilte mich 4 Jahre. Während meines 9jährigen Eingewecktseins an einem Augsburger Realgymnasium gelang es mir nicht, meine Lehrer wesentlich zu fördern. Mein Sinn für Muße und Unabhängigkeit wurde von ihnen unermüdlich hervorgehoben." (S.9)

Ja, viele kluge Kinder und Jugendliche wissen, dass sie klug sind, zeigen das vielleicht auch durch eine Arroganz gegenüber dem Lehrer, sie wissen aber nicht, wie sie das langweilige Lernen durchhalten können und wozu sie das tun sollten, vor allem in ungeliebten Fächern, manchmal aber auch generell. So hielt Henry Miller Geometrie für überflüssig und erklärte, er wolle Clown werden. Karl Barth mochte vom ersten Tag an das Rechnen nicht, Dieter Hildebrand interessierte sich anfangs nicht für Latein (bis sein Vater ihm darin Nachhilfe gab).

 Zudem könnte der Eindruck von Arroganz auch daran liegen, dass der Mitgestaltungswunsch der Schüler und die mangelnde Bereitschaft, Hierarchien anzuerkennen, den Lehrer befürchten lässt, diese Schüler würden seine Autorität nicht anerkennen. Aber: „Während die Gestaltungsmotivation bei den Hochbegabten höher ausgeprägt ist als in der Vergleichsgruppe, ist die Führungsmotivation gleichzeitig geringer." (Vgl. Forschungsbericht der RuhrUniBochum, Zusammenhänge zwischen Hochbegabung und Persönlichkeitseigenschaften, S. 8) Die meisten besonders Begabten haben keinen Machtwunsch, trotzdem wollen sie Abläufe mitgestalten können, vor allem wenn sie sehen, dass es bisher nicht oder nicht gut funktioniert. Eine Schülerin aus der heutigen Zeit versuchte mehrfach, den Unterricht in interessantere Bahnen zu lenken, bis eine Lehrerin sie freundlich, aber bestimmt darauf hinwies, dass die schwächeren Schüler die langweiligen Erklärungs- und

Vertiefungsphasen bräuchten und sie nicht im Interesse einiger weniger darauf verzichten könne.

Extrinsische Motivation funktioniert bei vielen Hochbegabten nicht. So lässt Andrea Schwiebert eine Frau schildern, wie sie die Schule erlebt: „Als kleines Kind habe ich mich niemals gelangweilt. ... Ich war mir selbst genug und immer beschäftigt., schöpferisch und neugierig. Erst in der Schule, als ich meine Beschäftigung nicht mehr frei wählen durfte, erfuhr ich dann, was Langeweile ist." (S. 77) Auch Bestrafungen wie der Ausschluss von Schulfahrten oder Veranstaltungen führen nur dazu, dass Schule als reiner Paukort erlebt und abgelehnt oder gehasst wird und die Motivation, dort zu bleiben oder sich gar einzubringen, sinkt. Hinzu kommt ein Gefühl der sozialen Ausgrenzung und führt bestenfalls zum Zusammenschluss der ausgeschlossenen Kinder/Jugendlichen und zur Spaltung der Lerngruppe.

Schaffen manche Schulen es leichter, kluge Kinder zu fördern? Gibt es vielleicht einen deutlichen Zusammenhang zwischen der Schulform und dem Schulerfolg?

3) Musiker in Privatunterricht und Konservatorien

Noch vor der Einführung der Schulpflicht wurde unterrichtet – Musiker in Konservatorien, Kinder aus gebildeten Familien durch Privatunterricht, manchmal lagen auch Erziehung und Unterweisung in der Hand der Kirche.

Mozarts musikalische Erziehung begann schon sehr früh (im vierten Jahr) durch seinen Vater. Die innige Beziehung zu ihm übertrug das Kind auf die Musik, in der er ganz aufging. (z.B.S.14, Leonhart)

Carl Maria von Weber erlebte auch seinen ersten Musikunterricht bei seinem Vater, der, als er seinen Sohn nicht zu einem musikalischen Wunderkind machen konnte, es mit Malen, Zeichnen und Kupferstechen versuchte. Als Carl Maria 10 Jahre alt war, erkannte ein ihn unterrichtender Kammermusiker seine Begabung und förderte sie. Daraufhin ließ der Junge die anderen bildenden Künste links liegen. (S.15f) Den Vater, der der Musik die Priorität gab, dürfte es gefreut haben.

Auch bei Debussy entzündete sich der Funke nicht schon im ersten, etwas mangelhaften Privatunterricht, sondern erst Madame Mauté de Fleurville erkannte seine Begabung und förderte ihn bis zur Aufnahme in das Pariser Conservatoire. Dort litt er, trotz anfänglich großer Erfolge, an dieser „Erziehung", die mit Willkür, Unverständnis und Zwang verbunden war und seinem Unabhängigkeitsstreben entsetzlich widersprach. (S.13f)

Ebenso hat Glenn Gould – neben der regulären Schule – nachmittags ein Konservatorium besucht, das er mit 14 Jahren mit den bis dahin besten Noten in Kanada abschloss. Über seine Zeit dort sagte er u.a.: „Mein Studium bei Guerrero war in erster Linie eine Übung im Argumentieren – Versuche, meinen eigenen Standpunkt gegen seinen durchzusetzen, ganz gleich worum es ging, und ... ich glaube, irgendwie ist mir das immer gelungen." (S.30)

Glenns Zeit in der regulären Schule, die für ihn auf den Vormittag verkürzt wurde, zeigt noch deutlicher die Probleme eines ungewöhnlichen Kindes. „Die Schule war für mich eine sehr unglückliche Erfahrung, da ich mich mit den meisten meiner Lehrer und sämtlichen Klassenkameraden immer furchtbar schlecht verstanden habe." (S.20)

Während ihm Mathematik sehr lag, mochte er den Englischunterricht mit dem Auswendiglernen nicht und zählte währenddessen die Sekunden bis zum Schulschluss. (S.43) So ist es kein Wunder, dass in seinen Schulheften viele kritische Bemerkungen seiner Lehrer stehen, seine schlechte Orthographie, seine geistige Abwesenheit und seine mangelnde Arbeitsbereitschaft erwähnt werden.

Seine Begeisterung für die Musik hatte übrigens seine Mutter geweckt, die ihn vom dritten bis zum zehnten Lebensjahr spielerisch an das Klavier heranführte und ihm Privatunterricht gab. (S.16)

Ist also Privatunterricht die angemessene Unterrichtsform für die ungewöhnlichen Kinder? Oder zumindest der ideale Einstieg ins Lernen?

4) *Privatunterricht*

Die Facharbeit „Benachteiligte Überflieger?" von Dorothea Eder von 2017 beschäftigt sich mit der Frage, ob Hochbegabte eine besondere Förderung in den Schulen benötigen. Das bejahen fast 83% der interviewten Hochbegabten. Dabei glauben sie, dass eine Separierung nach Leistungsstärke in unterschiedliche Lerngruppen, entgegen der politisch opportunen Meinung, allen Schülern zugutekommen würde, da eine erfolgreiche Differenzierung im Unterricht noch nicht stattfindet. Leistete Privatunterricht eine Förderung, die die Lernzufriedenheit hob? Welche positiven Aspekte hat er darüber hinaus?

Richard von Weizsäcker ist sich der Vorteile seiner frühfamiliären Förderung sehr bewusst. „Auf der deutschen Petri-Schule in Kopenhagen lernte ich Lesen und Schreiben. Freilich konnte ich es wohl schon weitgehend von zu Hause her, wie ich überhaupt in meiner Kindheit immer wieder große Ausbildungsvorteile durch die liebevolle und konsequente geistige Förderung in der Familie, vor allem durch meine Mutter empfing. Zwar wurde mir praktisch nie bei den Hausaufgaben geholfen – auch das als Prinzip -, aber meine Wettbewerbsvorteile unter den Sechsjährigen an der Kopenhagener Schule wurden offenkundig, als ich zum Einstieg den ‚Handschuh' von Schiller hersagte." (S. 35)

Albert Schweitzers Liebe zur Musik könnte auch in dem frühen Klavierunterricht durch seinen Vater wurzeln und dem guten Verständnis zwischen Vater und Sohn. (S.12f, Christaller)

Rosa Luxemburg, die mit vier Jahren an einem Hüftleiden erkrankte, lernte in dem Jahr ihrer Bettlägerigkeit drei Sprachen lesen und schreiben (S.24), wahrscheinlich nicht ganz ohne eine Unterstützung durch Erwachsene.

Auch Goethe gehörte zu den Profiteuren von Einzelunterricht. Dabei konnte er die riesige Bibliothek seines Vaters nutzen und dessen spielerischen, unsystematischen Unterricht genießen. Die „trockenen" Gebiete wie Rechtschreibung, Zeichensetzung und Grammatik interessierten ihn nicht. Eine schöne Handschrift und gute Aufsätze waren ihm wichtiger (23). Goethe sagte später über sich: „…Der andere, nah verwandte Fehler ist, dass ich nie so viel Zeit auf eine Arbeit oder Geschäft wenden mochte, als dazu erfordert wird. Da ich die Glückseligkeit genieße, sehr viel in kurzer Zeit denken und kombinieren zu können, so ist mir eine schrittweise Ausführung langweilig … und unerträglich." (S.29,

Friedenthal) Eine wirklich exakte Beschreibung der Hürde, die für begabte Kinder das Lernen bedeutet!

Ebenso behutsam und ohne Druck erzog Montaignes Vater seine Kinder. Sein wichtiges Anliegen war, dass die Kinder gerne lernten. Das ging so weit, dass alle Bauern und Bediensteten, mit denen der Junge Kontakt hatte, nur Latein sprechen durften. So lernte das Kind Latein wie eine Muttersprache und er beherrschte es später besser als Französisch. (S.37, Saitschick) Nach dieser frühen Erfahrung durchlief er sieben Jahre eine Schule, von Schwierigkeiten dort weiß ich nichts.

Auch Freud, der im Gymnasium sieben Jahre lang Klassenbester war, wurde von seinem Vater persönlich auf die Schule vorbereitet. (S.26f)

Agatha Christie lebte in einer Zeit, in der es den Eltern freigestellt war, die Mädchen auf eine Schule zu schicken. Sie lernte immer mal wieder zu Hause mit der Kinderfrau oder dem Vater, sie hatte Klavierunterricht und las früh und viel. Ohne viele Freunde erfand sie sich eine Phantasiewelt mit Tieren und Freundinnen mit verschiedenen Charakteren. Nach dem Tod des Vaters, als sie 15 Jahre alt war, schickte sie die sprunghafte Mutter immer mal wieder in eine neue Bildungseinrichtung. In der letzten Schule, einem kleinen Institut mit nur 12 Mädchen, das einen musikalischen Schwerpunkt hatte, gefiel es ihr am besten. Endlich erlebte sie einen für sie interessanten, sinnvoller Unterricht. Professionelle und z.T. berühmte Schauspieler und Sänger unterrichteten sie, Rechtschreibung war hier nebensächlich. Die Leidenschaften der „Lehrer" steckten sie an. So schreibt sie: „Unterricht, will mir scheinen, kann nur befriedigen, wenn er Widerhall findet. Informationen allein genügen nicht, sie geben dem Schüler nichts Neues." (S.157)

Nicht immer verlief der Privatunterricht oder Unterricht in kleinen Gruppen so rücksichtsvoll und angenehm.

Felix Mendelsohn wurde, wie seine Geschwister, früh um fünf Uhr geweckt, damit die Kinder einen langen Tag lang unterrichtet werden konnten. Trotz der anstrengenden Förderung – oder wegen? - lernte Felix leidenschaftlich gern. (S.131)

Diese Beispiele, wie die einiger Musiker weiter oben, zeigen, dass der Privatunterricht die aufgeweckten Kinder meistens gut gefördert zu haben scheint, ermöglicht er doch ein Eingehen auf ihre Fähigkeiten und ihr Lerntempo und holt die Kinder bei der Bindung an ein Elternteil oder eine andere, ihnen wichtige Person, ab.

Eine Ausnahme vom Erfolg dieser Unterrichtsform scheint Leo Tolstoi gewesen zu sein. Einer seiner Erzieher soll geäußert haben, dass Leo nicht lernen könne und wolle. (S.285, Saitschick) Ich vermute, dass die Strenge und die Schläge mit ein Grund für seinen Fenstersprung waren. Auch im Studium lag ihm das Lernen nicht, er brach die Vorbereitung zur diplomatischen Laufbahn ab und beendete auch ein Jurastudium nicht. (S.286, Saitschick)

Ganz anders als im Allgemeinen der Privatunterricht wurde das Lernen in einer kirchlichen Einrichtung erlebt – nämlich fast nur als Einengung und Drill.

5) Unterricht in kirchlichen Internaten und Klöstern

Hermann Hesse, der in ein streng pietistisches, autoritäres
Elternhaus hinein geboren wurde, leistete schon vor der
Schule Widerstand, er zündelte, bekam Wutanfälle, spielte
Streiche.

Mit 14 begann der Unterricht an der Klosterschule, hier
verschärfte sich die Krise, die im Elternhaus begonnen hatte
und über die Flucht aus dem Kloster bis hin zu seiner
Einweisung in die Nervenheilanstalt führte. (S.22f) Im
Rückblick auf seine Eltern schreibt Hesse wesentlich später:
„Es war das pietistische Prinzip, ... , dass des Menschen Wille
von Natur und Grund böse sei, und dass dieser Wille also erst
gebrochen werden müsse, ehe der Mensch in Gottes Liebe
und in der christlichen Gemeinschaft das Heil erlangen
könne." (S.21) Eine Zumutung für einen klugen Jungen, sich
seiner Individualität berauben zu lassen!!

Romy Schneider ist noch gern zur Zwergschule gegangen. Das
Unglück begann, als sie in ein von Nonnen geleitetes Internat
kam. Hier wird sie wegen ihrer Disziplinlosigkeit und
„Versponnenheit" kritisiert. Sie wird, trotz ihres
Anpassungswillens, beinahe aus dem Internat geworfen, weil
sie so gerne Karl May liest. (S.44) Mit der Mittleren Reife
beendet sie ihre Schulzeit.

Ebenso litt Erasmus von Rotterdam, der als Waise gegen
seinen Willen in ein Kloster kam: „...man habe in den Schulen
unter größter Quälerei nur Dinge gelehrt, die man am besten
wieder verlernt hätte." (S.9)

Und Kant empfand die streng pietistische Erziehung an seiner
Schule als "Sklaverei". (Gerhard Stenzel, S.27). Robert
Reininger schreibt dazu: „Der unausgesetzte Zwang zu

geistlichen Übungen in Verbindung mit einer fanatischen Disziplin bildete für Kant zeitlebens eine unangenehme Jugenderinnerung. Wenn er später den Wert des Gebetes schroff verneinte und in seinen Vorlesungen über Pädagogik betonte, man müsse die Kinder in Freiheit erziehen und sie müssten fröhlichen Herzens … sein, so kann man unschwer die Reaktion gegen seine persönlichen Erfahrungen in diesem Punkte erkennen."(S.16)

Die kurfürstliche Landesschule St. Afra, in die Lessing aufgenommen wurde, gehört eigentlich nicht hierher, sondern eher in das nächste Kapitel. Ähnlich ist dieses Internat aber, ein Verlassen der Schule war nur mit der Genehmigung des Kurfürsten möglich, zumindest für einen Schüler wie Lessing, der eine freie Koststelle bekommen hatte. Die Ernährung war so unzureichend, dass Lessing mit anderen Schülern dagegen protestierte. Seine schulischen Leistungen wurden mal gelobt („hohe Begabung", „gewissenhafter Fleiß"), mal getadelt („Ungehorsam", „Eigenwilligkeit", „Keckheit"). Dass Lessing dort nicht glücklich war, sieht man daran, dass er in zwei aufeinander folgenden Schuljahren seinen Vater bat, beim Kurfürsten seinen vorzeitigen Schulabgang zu beantragen. (S.180ff)

6) Unterricht in „Gemeinschaftsschulen" und Internaten

Hiermit sind insbesondere die zeitgenössischen Schulen gemeint, die Grundschule, meist das Gymnasium, aber auch in Einzelfällen die Volksschule und die frühere Dorfschule. Sie haben gemeinsam, dass die Kinder im Zeitgeist mit unterschiedlich begabten anderen Kindern unterrichtet werden. Manchmal hatten sie Glück und fanden Seelenverwandte unter den Mitschülern oder Lehrern, oft genug allerdings blieben sie Einzelgänger.

Auch diese Schulen erleben die meisten sehr klugen Menschen hauptsächlich als Last.

Eine Ausnahme ist Peter Zadek, den seine Eltern in eine moderne, freie Schule, die King Alfred School, schickten, die sich an Summerhill orientierte. Dort konnte er lernen, wenn er Lust dazu hatte, und seine Lehrer blieben auch dann gelassen, wenn er nicht zum Unterricht kam. Doch auf die Dauer sehnte sich der Junge danach, *richtig* zu lernen, und wollte auf eine Schule, auf der er dazu gezwungen wird. Und tatsächlich fühlte er sich an der nächsten Schule wohler, obwohl er sie als „scheußlich" beschrieb und „Alle Lehrer … mehr oder weniger ekelhaft". Aber die Angst vor ihnen reduzierte seine Langeweile und der Druck führte dazu, dass er mit zwölf die Examina für die nächste Schule bestand. In seiner Beurteilung sind sich die Lehrer aller Schulen, die er besuchte, einig: „Alle Lehrer bemängelten, dass ich mich nicht konzentrieren konnte. In allen Schulen, in denen ich war, schreiben sie, ich sei sehr intelligent, aber konzentrationsschwach." (S.53)

Das ewige Problem – die Langeweile. Den schulischen Druck konnten nicht alle der kleinen Genies so positiv sehen wie Peter Zadek. Über Woody Allen schreibt sein Biograf, dass er „Die Schule… eine schlimme Prüfung" fand. „Er will keine Schulaufgaben machen, weil er behauptet: ‚Das Universum expandiert' … Wozu noch die Sache mit der Mathematik, wenn das Weltall sich ausdehnt und eines Tages mit einem lauten Knall zerbirst? Insgesamt zwölf Jahre hält Woody es durch, so wenig wie möglich in der Schule zu lernen." (S.24f) (Übrigens sehen auch die klugen Kinder der Fridays for future-

Bewegung, wenn auch deutlich realistischer, ihren Schulbesuch in Relation zu ihren Zukunftschancen, und schätzen ihre Lebenschancen höher als das Anhäufen von Wissen.)

Stephen Hawking war die ganze Schulzeit über nur ein mittelmäßiger Schüler mit schlechter Schrift und Schwierigkeiten, lesen zu lernen. Trotzdem überzeugte er in der Aufnahmeprüfung und dem folgenden Gespräch in Oxford mit seinen Physikkenntnissen und wurde angenommen. (S.37,42)

Ferdinand Sauerbruch begann seine Schulzeit vielversprechend – dank seines Großvaters, einem Schuhmacher, der ihn förderte und immer wieder motivierte. Nach dessen Tod ließen die schulischen Leistungen schlagartig nach, er schwänzte wiederholt und wurde nicht versetzt. Die Unnachgiebigkeit seiner Mutter führte ihn wieder in die Schule zurück. Die Leichtigkeit war wie weggeblasen und er wurde, wie er selber sagt, „frech und provokatorisch". (S.19) Ein Lehrer, der sich von ihm verspottet fühlte, schrieb seiner Mutter, dass sie ihn von der Schule nehmen solle, da er das Abitur sowieso nicht schaffen könnte, er sei „... in einem ungewöhnlichen Maße unständig und töricht". Die Mutter allerdings glaubte an ihren Sohn und erwiderte dem Lehrer, dass Ferdinand noch bedeutender würde als er selbst es sei. Sauerbruch erwartete daraufhin, dass er das Abitur nun vergessen könne, bestand es aber trotzdem. (S.21)

Da Ernst Jünger im Alter zwischen fünf und zehn keine guten Leistungen vorweisen konnte, was sicher auch mit an häufigen Umzügen lag, wurden in der Zeit immer wieder neue Schulen versucht, bis die Eltern in den folgenden drei Jahren ihn in verschiedenen Internaten fördern ließen und schließlich in eine Reformschule schickten. Trotzdem lässt er kein gutes Haar am schulischen Unterricht: Sie „scheint ihm eine Erfindung der Erwachsenen, mit der sie die Kinder im Zaum halten wollten" (S.15), und er schreibt rückblickend, sie „hängt mir immer noch nach, viel intensiver als das Militär". (S.17) So flieht er ein Jahr vor dem Abitur in die Fremdenlegion nach Afrika, aus der sein Vater ihn zurückholt. Das Kriegsabitur macht er schließlich mit Müh und Not, weil der Vater ihm dafür eine Reise zum Kilimandscharo versprochen hatte. (S.26)

Marion von Dönhoff begann ihren Schulbesuch erst mit acht Jahren, davor lernte sie unregelmäßig mal mit der Sekretärin ihres Vaters oder einem seiner Gäste, ein strukturiertes Lernen war das nicht. Aus der Schule wurde sie dann hinausgeworfen – sie kam morgens gewöhnlich zu spät, wusste zu wenig und hatte auch noch einen ausgesprochenen Dickkopf. (S.56f) Daraufhin wurde sie zu Hause von Privatlehrern unterrichtet. Mit 15 zieht sie allein nach Berlin, um dort das Abitur zu machen und dann zu studieren. Trotz einer verpatzten Aufnahmeprüfung lässt man sie an das Lyzeum, da man wusste, dass sie einen schweren Unfall hatte und darin eine Ursache für ihre mangelhaften Leistungen vermutete. 1928 machte sie ein herausragendes Abitur. (S.84)

Ohne Abitur verließen Eva-Maria Hagen und Liv Ullmann die Schule. Eva-Maria ging mit dem Zeugnis der 7. Klasse ab, obwohl sie durch Krieg und Flucht nur fünf Jahre die Schulbank gedrückt hatte. Sie verzichtete auf ein weiteres Jahr, das man ihr anbot, weil sie die Schule nicht mochte. (S.111)

Und Liv Ullmann beschreibt in ihrer Autobiographie, wie sie während endloser Schulstunden auf die Pause wartete, die sie einsam und verlassen verbrachte. Schließlich spielte sie ständig krank, bis sie im Krankenhaus als Schulschwänzerin vorgeführt wurde. (S.15,40) Nach ihrer Rückkehr an die Schule bekam sie gute Zeugnisse, doch die Langeweile blieb. Mit 17 brach sie die Schule ab. (S.75)

Auch die „normale" Schule ist also kein Garant für einen Schulerfolg, eher die Motivation des begabten Kindes, es „durchzustehen". Und selbst dann läuft es nicht immer ohne Brüche und Provokationen.

Rolle der Familie beim Schulerfolg und -versagen

Anhand einer großen Zahl an Probanden thematisiert Anne Eckerle auch erzieherische Hürden. Zum einen erfahren 20% der Hochbegabten nicht, dass Anstrengung zum Erfolg führt, und können deshalb ihre Begabung in der Schule nicht entfalten. Ihnen fehlen Aufgaben, die sie herausfordern und die sie zugleich lösen können und deren gelungene Bewältigung zur Dopaminausschüttung und damit zum Glücksgefühl, etwas gemeistert zu haben, führen. Das nagt auf die Dauer am Selbstwertgefühl und verursacht Aggressionen oder Rückzug. Auch die Eltern – und hier sieht sie den Fehler hauptsächlich bei den Müttern – verhalten sich wenig loyal mit dem lernunwilligen Kind und koalieren eher mit der Schule. So können sie die – meist Söhne – auch nicht bestärken und werden nur als „nörgelnde Mütter" erlebt, der Familienfrieden wird gestört und die Isolation des Kindes verstärkt. Sehr deutlich sehen wir das Unglück für die ganze Familie bei Hermann Hesse.

Als betroffene Mutter, die je nach Schule sehr häufig zu den Lehrern zitiert wurde, muss ich zugeben, dass ich auch nicht immer bedingungslos zu meinem Kind gehalten habe, sondern mitunter den Lehrern mit ihrer kritischen Betrachtung Recht geben musste. Nur war das, und ich vermute bei anderen Müttern genauso, nicht, um dem Kind zu schaden, sondern um gemeinsam einen Weg zu finden, die Schwierigkeiten zu bewältigen – also letztlich kein Abwenden vom Kind, sondern eine unangenehme Anstrengung, ihm zu helfen.

Für Ferdinand Sauerbruch war die Schule einfach, solange sein Großvater ihn bestärkte und förderte. Auch seine Mutter hielt bedingungslos zu ihm. Haben die anderen betroffenen Kinder und Jugendlichen, die die Schulzeit möglicherweise problemlos durchliefen, ähnliche Resilienzfaktoren gehabt?

II. Faktoren für einen Schulerfolg

Nicht alle hochbegabten Kinder und Jugendliche sind Minderleister (Underachiever), Anne Eckerle spricht von etwa 20%, Gardy Hemmerde erwähnt drei Studien, die zwischen 12% und 70% der Hochbegabten so bezeichnen. Unklar ist mir, ob es sich um tatsächliche „Schulversager" handelt oder die Definition mal weiter, mal enger gefasst ist. Ein Schüler, der im unteren Drittel seiner Gymnasialklasse ohne große Anstrengung das Abitur macht und später einen ihn befriedigenden, anspruchsvollen Beruf findet, vielleicht nach einem ausgezeichneten Studium, ist für mich kein Underachiever – er hat möglicherweise nur einen anderen Blick auf den Wert guter Noten.

Immer wieder scheint der Bildungswille des Elternhauses einen bedeutenden Einfluss auf die schulische Entwicklung zu haben. Stephen Hawkings Eltern waren zwar nicht reich, aber sehr belesen und sie förderten die Bildung ihrer Kinder nach Kräften. (S.40) Trotzdem war Hawking auch im Studium eher faul, er fand alles langweilig. Erst als er krank wurde und seine spätere Frau kennenlernte, änderte sich seine Einstellung.

Albert Einstein wuchs ebenfalls in einem gebildeten Elternhaus auf. Eine Privatlehrerin bereitete ihn auf die Schule vor, die er ja dann mit guten Noten, auch in den alten Sprachen, besuchte. (S.28,60)

Auch Sigmund Freud profitierte von der Unterstützung seiner Eltern, die mit wirtschaftlichen Schwierigkeiten kämpften. Dennoch erhielt er ein eigenes Arbeitszimmer und alle Bücher, die er brauchte. Nach Privatunterricht unter anderem durch seinen Vater war er sieben Jahre lang Klassenbester im

Gymnasium. Ob er faul war, habe ich nicht gefunden, aber er selbst sagt, dass er kaum je geprüft wurde. (S.26))

Bei Dieter Hildebrandt war dem Vater sein Schulerfolg (S.20f, Hildebrandt) wichtig, bei Horst Köhler war es die Mutter, die die acht Kinder mit Büchern versorgte und Wert auf eine Ausbildung legte. (S.47)

Wilhelm Raabe konnte auf zahlreiche Bücher seines Großvaters und Vaters zurückgreifen und zog ihre Lektüre den Schulbüchern vor. (S.13) Den vom Vater aufgezwungenen Klavierunterricht brach er ab. In der Schule leistete er nur im Aufsatz Hervorragendes, die Beschreibung seiner Schulzeit gleicht der vieler anderer Persönlichkeiten: „Wie ja viele selbständige Naturen, besonders angehende Künstlerpersönlichkeiten, war auch Raabe kein Musterschüler. Es steckte von früh auf schon viel steifnackiges, auch trotziges und eigenbrötlerisches Niedersachsentum in seinem leicht verschlossenen Wesen, das sich nie verloren hat." (S.8f) An seinem nicht berauschenden Abgangszeugnis sind die Noten in Mathematik und den Sprachen sicher mit schuld, während seine Leistungen im Zeichnen und im ‚deutschen Stil‘ außerordentlich gelobt werden – eine Folge des frühen, intensiven Lesens oder seiner Begabung?

Ein weiterer Faktor, der kluge Kinder vor dem Schulversagen schützen kann, ist das fehlende Mobbing als „Streber". Hier würde es sich lohnen, den internationalen Vergleich zu vertiefen, den „Psychologie heute compakt" von 2007 zwischen Kanada und Deutschland gezogen hat. In Kanada werden nur die Kinder „Schleimer" genannt, die bei normal schwacher Leistung plötzlich gute Noten bekommen, während ständig gute Schüler Anerkennung erfahren. Zu den erfolgreichen Schülern gehören viele, die im Ausland die Schule besucht haben: Petra Kelly, Madame Curie,

Gorbatschow, Stephen King, Henry Miller, Peter Zadek, Rosa Luxemburg, Agatha Christie, Catalin Voss, Iacocca. Ursula Ott beschreibt in GEOWissen ihre angestrengten Versuche, trotz ihrer guten Noten nicht abgelehnt zu werden. So küsste sie ohne ein wirkliches Interesse mit 12 schon Jungen, rauchte heimlich ein paar Joints und ließ Mitschüler Hausaufgaben und Klausuren abschreiben, damit sie auch die Chance auf gute Noten hatten. Das hat so gut funktioniert, dass ein ehemaliger Mitschüler sie später als das Mädchen mit den Schwierigkeiten in Mathematik identifizierte, obwohl sie auf dem Abizeugnis eine Eins hatte. (S.112ff) Sie weist auf die erste weltweite Studie zum Thema „Streber" hin, in der erklärt wird, dass sich der Begriff nicht in andere Sprachen übersetzen lässt. Das liegt möglicherweise daran, dass z.B. in den USA und Israel nahezu jeder Schüler mal beste Noten bekommt. (GeoWissen, S. 117)

Ursula Ott hat ihre Langeweile beim Zuhören übrigens damit bekämpft, dass sie sich mündlich viel beteiligt hat. Auch das verbessert Noten.

Schließlich ist es manchmal einfach die Einsicht, dass ein ordentlicher Schulabschluss für die Zukunft wichtig ist, die leistungssteigernd wirkt.

So riss Schiller sich im letzten Schuljahr zusammen, weil er einsah, dass er einen Beruf brauchte, und verbesserte sich von einem schlechten Schüler zu einem Absolventen, der in zwei Fächern sogar eine Anwartschaft auf Preise hatte. (S.68f)

1) Wachsen durch Widerstände

Eine Herausforderung braucht der Mensch! Ob es Widerstände sind oder ein Kräftemessen, das starke Bestreben, es den Lehrern oder Familienangehörigen oder sich selbst zu beweisen, das sind Antriebskräfte, wo eine intrinsische Motivation möglicherweise fehlt.

Vom Unterricht in den USA, der auf Wettbewerb baute, profitierte wohl Petra Kelly. Über ihre Schulzeit klagt sie nicht, die Zeugnisse sind sehr gut. (S.53, S.58ff) Eine Anerkennung von Leistungen, auch durch Klassenkameraden, vermindert wahrscheinlich das Risiko, sich als anders und „falsch" zu empfinden. Zudem wollte sie die schlechte Sportnote, die sie aufgrund einer körperlichen Beeinträchtigung erhielt, mit guten Noten in den anderen Fächern wettmachen. Das passt auch dazu, dass manche Kinder zur Höchstform auflaufen, wenn es gilt, Widerstände zu überwinden. Das kann die familiäre Armut sein, aus der sie heraus wollen, das kann eine ungerechte Beurteilung sein oder, wie bei ihr, Rosa Luxemburg und auch bei Stephen Hawking, eine Krankheit oder eine körperliche Unzulänglichkeit, die sie mit geistigen Leistungen kompensieren wollen.

Immerhin 12 der schulisch erfolgreichen 25 Persönlichkeiten stammen aus zumindest zeitweise armen Verhältnissen, bei den weniger oder nicht erfolgreichen 35 Schullaufbahnen sind es gesichert 8, evtl.9.

Besonders deutlich wird der Wille, das Beste aus einer finanziell benachteiligten Situation zu machen, bei James Joyce. In der kurzen Biographie im Brigitte-Heft (Brigitte Biographie 4/2015) wird beschrieben, dass der Junge durch die Misswirtschaft seines Vaters ein angesehenes College, dessen Schulgeld die Eltern nicht mehr zahlen konnten, verlassen und deshalb auf die Armenschule gehen musste. Der Wechsel hätte seine „Widerstandskräfte eher geweckt als geschmälert" und „er ... erlebt" den Unterricht „keineswegs als intellektuellen Abstieg, sondern stürzt sich geradezu auf die dort angebotenen Lehrstoffe". (S.92ff)

Charly Chaplin und Charles Dickens, beide in äußerst prekären Verhältnissen aufgewachsen, erkannten schon früh ihre besondere Begabung und setzten sie ein, um sich und die Familie damit über Wasser zu halten.

Michail Gorbatschow kannte Mangel von früh auf. Er musste sogar ein viertel Jahr auf den Schulbesuch verzichten, weil er nichts für den Winter Geeignetes anzuziehen hatte. Damit war schulischer Unterricht höchstwahrscheinlich ein Luxus für den Jungen. Mit 13 begann er, nebenbei in der Kolchose mitzuarbeiten, mit 15 beim Vater in der Maschinen-Traktoren-Station. Trotzdem – oder gerade deswegen? – hatte er in fast allen Fächern gute Noten, bis auf Sport, und verdiente sich mit Nachhilfeunterricht noch etwas dazu. Faule Menschen schätzte er nicht. (S.42ff)

Auch Joe Bausch (leitender Regierungsmedizinaldirektor, Gerichtsmediziner im Kölner Tatort) arbeitete auf dem Bauernhof seines Vaters mit und war dadurch mitunter gezwungen, nachts seine Hausaufgaben zu machen. Er ist stolz darauf, die Schule ohne „Ehrenrunden" geschafft zu haben. Ich weiß nicht, ob seine Mitarbeit auf dem Hof eine wirtschaftliche Notwendigkeit war. Aber hier wie bei Gorbatschow ist das erfolgreiche Absolvieren der Schule eine echte Herausforderung und willkommene Abwechslung zum sonstigen Leben, das reduziert gewiss die Langeweile.

Weniger dramatisch war die finanzielle Not in der Herkunftsfamilie von Madame Curie. Aber auch sie konnte aus Geldmangel nicht gleich studieren, da sie als Mädchen das nur im Ausland konnte, sondern musste erst einige Jahre als Hauslehrerin arbeiten und sich selbst unterhalten sowie das Studium ihrer älteren Schwester mitfinanzieren, die sie dann umgekehrt in ihrem Studium unterstützte.

Johann Gregor Mendel musste sich ebenfalls einen Teil seiner Ausbildung – die letzten Jahre auf dem Gymnasium – selbst finanzieren, in den Jahren davor konnten die Eltern nur „die halbe Kost" in seiner Unterkunft bezahlen. In der Zeit, in der er arbeiten und lernen musste, erkrankte er zudem schwer. Mit hervorragenden Noten in allen Fächern begann er seine Schulzeit und schloss sie ebenso ab.

Der Tod eines oder beider Elternteile traf Kinder in der Vergangenheit viel häufiger als heutzutage. So finden sich in zahlreichen Biographien Hinweise auf ein verstorbenes Elternteil (Blaise Pascal, Jonathan Swift, Leo Tolstoi, Hölderlin, Wilhelm Raabe u.a.). Einen Zusammenhang mit dem Schulerfolg oder -misserfolg sehe ich hauptsächlich bei dem Tod von Sauerbruchs Großvater. Vielleicht hatten die Kinder zu viele ähnliche Schicksale bei den Altersgenossen erlebt, einschließlich des häufigen Todes von Geschwistern, dass sie die verstorbenen Angehörigen zwar vermissen, aber eine Auswirkung auf die Lernfähigkeit mehr von den daraus resultierenden Folgen abhängt – der Unterstützung durch Verwandte, Wiederheirat des verbliebenen Elternteils, Unterbringung im Internat oder Kloster. Dass das Schicksal als (Halb-)Waise als Widerstand empfunden wurde, der durch Schulleistungen kompensiert werden konnte, habe ich nirgendwo gefunden.

Neben materieller Not gab es auch immer wieder ideelle Widerstände und Ziele, die die Schüler zu höheren Leistungen anstachelten.

So wurde Marcel Reich-Ranicki aus „Rache" für eine Ohrfeige von seinem Mathelehrer für einige Jahre der beste Mathematikschüler seiner Klasse. (S.34) Und Madame Curie, die schon vor der Schule lesen lernte, durfte es nicht, weil sie ihren älteren Bruder nicht überflügeln sollte. (S.9f) Für sie war der Schulbeginn gewiss eine Befreiung und die Schule von vornherein positiv besetzt. So ähnlich erging es Agatha Christie, deren Eltern meinten, Kinder sollten vor dem 8. Lebensjahr nicht lesen müssen. Sie brachte es sich dann selbst und mit Hilfe ihrer Kinderfrau bei, bevor sie fünf Jahre alt war. (S.21f)

Bei Händel hielt der Vater nicht viel von der Musik, er plante für seinen Sohn eine juristische Karriere. Musiker schienen ihm unseriös zu sein. Erst nachdem der siebenjährige Organist dem Herzog vorspielte und der darauf bestand, dass die Begabung des Kindes gefördert werden müsse, gab der Vater dem Wunsch des Sohnes nach und ließ ihn musikalisch bilden. Händel durchlief trotzdem ein Gymnasium, „mit Muße", wie es heißt, und begann dem Wunsch des verstorbenen Vaters zuliebe ein Studium, bis er sich entschied, nur noch seiner musikalischen Bestimmung zu folgen. (S.18f, S.23)

Von den Erwachsenen mit einem IQ über 130, die ich heute zu ihrem Schulerfolg befragen konnte, erfuhr ich von verschiedenen Lösungsansätzen. Weiche Widerstände sind das Überspringen einer Klasse und Nachprüfungen. Ein Mathematiker machte mit 17 sein Abitur und ließ die Schule so zügig hinter sich, ein anderer pflegte alljährlich eine Nachprüfung zu machen, weil es ihm leichter fiel, alleine und unter zeitlichem Druck zu lernen statt im Klassenverband.

Daneben gibt es Schüler, die versuchen, mit so wenig Anstrengung wie möglich die Schule zu durchlaufen. Ein Wissenschaftler erzählte, dass er jedes Jahr nur knapp versetzt wurde. Sein einziges Ziel war, keine Klasse wiederholen zu müssen und damit länger auf der Schule zu bleiben.

Etliche schafften das allerdings nicht und mussten eine Ehrenrunde drehen oder gingen mit dem Volks-, Haupt- oder Realschulabschluss ab.

2) Lehrerpersönlichkeiten

Wie bei allen Kindern spielen Lehrerpersönlichkeiten eine große Rolle für den Lernerfolg. Diejenigen Lehrer, die zeitgemäß mit einer äußeren Autorität und Druck erziehen wollten, erzeugten den Widerstand dieser besonderen Kinder und Jugendlichen. Daneben gab es immer auch einzelne Erzieher, die ihre Schüler verstanden und sie förderten oder zumindest Geduld mit ihnen hatten.

Henry Miller wird von seinem Lehrer dafür gelobt, dass er zugibt, nichts verstanden zu haben und er findet auch, dass er auf der High School mit guten Noten „begünstigt" wurde. (S.74f, S.104; Miller)

Albert Schweitzers Noten bessern sich nach einem Lehrerwechsel in der Quarta schlagartig innerhalb von nur drei Monaten. (S.62, Pierhal)

Ganz deutlich ist der Einfluss der Lehrer auch bei Peter Zadek zu beobachten. Ein Klassenlehrer, den er liebte und der Mathematik unterrichtete, trug dazu bei, dass er sich für die Mathematik begeisterte und Mathematiker werden wollte. In einer neuen Schule beeindruckte ihn ein Französischlehrer sehr, sofort verlor er das Interesse an Mathematik und Französisch wurde sein neues Lieblingsfach. (S.91f)

Viel Glück mit seinen Lehrern hatte Stephen King, der in einer Publikation im Selbstverlag die reguläre Schülerzeitung und seine Lehrer durch den Kakao zog. Anstatt ihn zu bestrafen, wurde er beauftragt, gegen Bezahlung über Sportveranstaltungen an seiner Schule zu schreiben. (S.86) Seine im Allgemeinen guten Noten trübte seine Aktion nicht.

Dieter Hildebrandt erzählte, dass er in der Oberschule ein bisschen schluderte, weil sein Vater sich nicht mehr so sehr für sein Lernen interessierte. Besonders in Latein ließen seine Leistungen stark nach, und als der Vater die schlechte Note sah, arbeitete er mit ihm in den Ferien intensiv an dieser Sprache. Der Lehrer aber glaubte nicht, dass die nun guten Klassenarbeiten Hildebrandts eigene Leistung waren, und gab ihm, statt einer Eins, immer nur eine Zwei. Als ein Mathematiklehrer in seiner Freizeit die Fußballmannschaft der Klasse beim Training beobachtete und Tipps gab, strengten sich die Fußballer in Mathematik alle an und bekamen bessere Noten, bei dem klugen Dieter Hildebrandt wurde aus der Fünf sogar eine Zwei. (S.20f, S.26; Hildebrandt)

Der Mathematiker Stefan Banach, der in einer Pflegefamilie aufwuchs, interessierte sich mit seiner mathematischen Hochbegabung nur für sein Lieblingsfach und ohne Intervention seines Mathematiklehrers wäre er mit den schlechten Noten in den anderen Fächern nicht zur Matura zugelassen worden.

Und Catalin Voss, der Erfinder einer Computerbrille, die Autisten helfen soll, Gefühle bei anderen Menschen besser zu erkennen, dankt generell seinen Lehrern, „die mich nie aufgaben, obwohl ich mich bis zur 10. Klasse nicht für die Schule interessierte". (S.15) Ja, Geduld ist ein herausragendes Merkmal guter Lehrer, besonders für hochbegabte Schüler.

III. Wie könnte der Unterricht für besonders begabte Schüler attraktiver sein?

Nach einer Veranstaltung fragte ich den Rektor der Kölner Universität, Pof. Axel Freimuth, wie eine Schule hätte sein müssen, auf der er gerne gelernt hätte. Spontan antwortete er, dass es so eine Schule nicht gebe. Was hätten sich aber die anderen Persönlichkeiten gewünscht? Dazu bietet es sich an, Charlie Chaplin etwas ausführlicher zu zitieren:

„... einige der Lehrgegenstände waren prosaisch und langweilig, besonders die Arithmetik: das Addieren und Subtrahieren erweckte in mir die Vorstellung von einem Buchhalter und einer Registrierkasse, deren einziger Nutzen mir darin zu bestehen schien, dass man immer Kleingeld besäße.

Geschichte war eine Aufzählung böser und ruchloser Taten, eine unablässige Folge von Königsmorden und Morden, die die Könige ihrerseits an ihren Frauen, Brüdern und Neffen begingen. Geographie bestand für mich nur aus Landkarten. Gedichte bedeuteten mir nicht mehr als das Training meines Gedächtnisses. Die Erziehung in der Schule verwirrte mich durch Tatsachen und Wissen, an denen ich nur geringes Interesse hatte.

Ich wäre vielleicht ein Gelehrter geworden, wenn es nur jemand verstanden hätte, mir diese Gebiete geschickter nahezubringen, wenn er jedes Fach mit einer Einführung versehen hätte, die ... meine Phantasie beflügelte, anstelle der trockenen Tatsachen, die mir vorgelegt wurden." (S.39; Chaplin)

Von sich aus besteht oft kein Interesse an vielen Unterrichtsstoffen, die klugen Kinder fragen sich noch stärker als die anderen, wozu dieses Schulwissen gut ist. Die Waldorfschule, die eine Unbekannte errechnen lässt, indem sie die Hebelwirkung (Physik) mit den Arbeiten im Garten verbindet, könnte die Sinnhaftigkeit des Zuerlernenden den Schülern verständlicher machen. Allerdings schreitet der Unterricht für Hochbegabte zu langsam voran, auch mit manchen anthroposophischen Gedanken haben kluge Kinder bisweilen Schwierigkeiten

Charlie Chaplin hätte eine Einführung gewünscht, die seine Phantasie – und damit nicht nur sein Erinnerungsvermögen – angesprochen hätte. Anderen Schülern aus dieser Gruppe zündeten, oft im Privatunterricht, die Leidenschaften der Eltern oder Erzieher die Begeisterung für ein Spezialgebiet – sei es Musik, Literatur, das Theaterspielen, naturwissenschaftliche Diskussionen im Elternhaus, und immer wieder das Lesen, das als große Leidenschaft in fast allen Biografien erwähnt wird. Lesen kann durchaus auch im Widerspruch zum Lernen stehen. So heißt es von Puschkin: „Der in sich gekehrte Knabe bezeigte keine Lust zum Lernen, wohl aber eine unbändige zum Lesen…" (S.245)

Was früher das Lesen war, nämlich das Eintauchen in fremde Welten, erleben Schüler heute vorrangig am Computer. Und wurde damals Phantasie gebraucht, um mit den Protagonisten mitfühlen und mitfiebern zu können, so brauchen die jungen Gamer Phantasie, um Aufgaben lösen zu können. Einen Nachteil sehe ich hauptsächlich darin, dass es vorgegebene Lösungswege sind, die gefunden werden müssen, und ein Anknüpfen weniger an bisher Erlebtem als an den vorher erreichten Leveln geschieht. Die Faszination kann ich nachempfinden, den Verlust an eigenen Erfahrungen bedauere ich. Zudem steht der üppige Bildschirmkontakt auch im Verdacht, Gehirnstrukturen zu verändern und mit an dem z.Zt. sinkenden IQ schuld zu sein. (S.14, Die Zeit)

Kontraproduktiv ist meist äußerer Druck. Einstein wechselte ein Jahr vor dem erforderlichen Abschluss die Schule und beendete sie erfolgreich in der Schweiz. Über seine neue Schule sagt er: „Diese Schule hat durch ihren liberalen Geist und durch den schlichten Ernst der auf keinerlei äußerliche Autorität sich stützenden Lehrer einen unvergeßlichen Eindruck in mir hinterlassen; durch Vergleich mit sechs Jahren Schulung an einem deutschen, autoritär geführten Gymnasium wurde mir eindringlich bewußt, wie sehr die Erziehung zu freiem Handeln und Selbstverantwortlichkeit jener Erziehung überlegen ist, die sich auf Drill, äußere Autorität und Ehrgeiz stützt. Echte Demokratie ist kein leerer Wahn." (S. 52)

Auch heute gibt es Nischenschulen, z.B. in den Niederlanden (School Circles in den Niederlanden) und Spanien (Barcelona Learning Innovation Center), die bei den Interessen ihrer Schüler ansetzen und versuchen, durch engagierte Lehrer und die persönliche Bindung Leidenschaften für Fachgebiete zu wecken, mit Phantasie und sozialem und demokratischem Lernen die Schüler aus der Rolle der Rezipienten in die der aktiv ihren Bildungsweg gestaltenden Individuen zu führen.

Exkurs: Schulerfolg bei Mädchen

Eine gleichrangige Mädchenbildung ist in Europa noch nicht sehr alt. Selbst als ich auf das Gymnasium kam (1963), gab es in meiner Heimatstadt Mülheim Ruhr noch keine Koedukation. Auf dem Mädchengymnasium, das ich besuchte, war Handarbeit ein wichtiges Fach, in dem ich kläglich versagte. Für Mädchen waren in den Jahrhunderten davor andere Bildungsziele wichtiger als für Jungen. Hauswirtschaftliche Kenntnisse, Benehmen, Zurückhaltung und musische Bildung sowie eine schöne Handschrift standen ganz oben auf der Wunschliste der Erzieher, religiöse Erziehung gehörte, besonders in den Nonnenklostern und - schulen, dazu (s. Frauen, S. 19-49). Mein Volksschullehrer prophezeite mir dann auch zeitgemäß, dass ich mit meiner schlechten Handschrift das Gymnasium nicht schaffen könnte.

Die Frauen aus den hier zitierten Biographien machten also entsprechende Erfahrungen mit dem Bildungssystem ihrer Zeit. Nach den ersten Jahren mit sporadischem Privatunterricht scheiterte Marion Dönhoff in einem Mädchenpensionat und erreichte dann in einer Jungenklasse ein gutes Abitur. Madame Curie musste als Frau zum Studieren ins Ausland gehen. Agatha Christies Mutter war der Ansicht, dass Mädchen sich in Freiheit geistig entwickeln sollten und dazu nur frische Luft und vernünftige Speisen bräuchten. Jungen hingegen hatten zu ihrer Zeit einen reglementierten Unterricht. Französisch lernte sie bei einem jungen Mädchen, das die Familie eine Zeitlang begleiten musste und kein Englisch sprach, ihr Vater vermittelte ihr einige mathematische Kenntnisse. Erst mit ca. 13 Jahren begann ihr wechselnder Weg durch verschiedene Schulen.

Mädchen scheinen – mit Vorbehalt wegen der geringeren Zahl der geeigneten Biographien – weniger Schwierigkeiten mit dem Lernen zu haben als Jungen, wobei ich die musisch begabten Schülerinnen gesondert betrachten müsste, in den wenigen Biographien, die mir vorlagen, scheiterten viele an der Schule. Auch Gardy Hemmerdes Erfahrungen im Coaching hochbegabter Schüler*innen scheinen nahezulegen, dass die Mädchen im Schnitt weniger Schulprobleme haben, da sie auf neun Jungen ein Mädchen in der Praxis erlebt. Wenn man aber genauer hinschaut, gelten bei den weiblichen Persönlichkeiten genauso die fördernden oder einschränkenden Umwelteinflüsse.

Ein Beispiel dafür, wie viele Faktoren den Schulerfolg beeinflussen können, ist Michelle Obama. Geboren in eine Familie, die Bildung hoch schätzte, obwohl oder weil die Eltern durch äußere Bedingungen an der Verwirklichung ihrer intellektuellen Fähigkeiten gehindert wurden, erfuhr sie früh eine besondere Förderung durch die Verwandten. Die Mutter übte mit ihr in der Bibliothek das Lesen, die Tante, die im Haus wohnte, unterrichtete sie am Klavier, der Vater begeisterte sie nach Dienstschluss für Jazz und Kunst. In der Schule landete sie in einer speziellen Klasse für besonders begabte Kinder und erfuhr dort die Förderung, die sich viele Hochbegabte gewünscht hätten. Im neunten Schuljahr wechselte sie dann auf ein modernes College, das die leistungsfähigsten Schüler der Umgebung anziehen sollte. Unter all den klugen Kindern erlebte sie, dass sie mit etwas Anstrengung auch hier gut mithalten konnte. Ihre Dickköpfigkeit lebte sie nicht in der Schule aus, sondern vorwiegend beim Klavierunterricht mit ihrer Tante und nutzte sie, ihre Ziele zu erreichen. Die Familie lehrte sie, nicht aufzugeben, und als ihr eine Bildungsberaterin abriet, an die renommierte Universität in Princeton zu gehen (sie gehöre nicht zu dem „Material" dieser Universität), bewarb sie sich trotzdem und wurde angenommen. Relative Armut, früher „Privatunterricht", Wettbewerbssituationen und eine schulische, ihren Fähigkeiten angepasste Förderung und nicht zuletzt die Erfahrung, dass sich Anstrengung – egal ob beim Klavierspielen oder beim Lernen – lohnt, verbunden mit nur geringen Mobbingerfahrungen, die darin bestanden, dass schwarze Kinder ihr vorwarfen, sie spreche wie ein weißes Mädchen, unterstützten sie auf dem Weg, eine bekannte Anwältin zu werden und ihrem späteren Mann, dem Präsident der Vereinigten Staaten, auf Augenhöhe zu begegnen.

Ähnliche gute Voraussetzungen für den Schulerfolg lagen auch bei Madame Curie, Rosa Luxemburg, Agatha Christie und Petra Kelly vor.

Folgerungen für eine umfassende Förderung von Kindern mit einem hohen IQ

Als ich in einem Café Literatur für dieses Buch las, bediente mich eine ehemalige Hauptschülerin, die sich ihre weitere Schulzeit an einer Fachoberschule dort verdiente. Ich fragte sie, was für sie einen guten Unterricht ausmachte, und sie antwortete spontan, die Lehrer – wenn sie Witze machen könnten und persönlich interessiert waren, wäre ihr der Unterricht leichter gefallen. Nun gehört sie vielleicht nicht zu den Hochbegabten, aber ein weniger bierernster Unterrichtsstil hätte auch den Persönlichkeiten gefallen, die hier vorgestellt werden. Aufgelockert statt streng diszipliniert, sozial erfreulich statt isoliert, mit dem Ansatz bei eigenen Interessen statt dem Überstülpen von Wissen, das sie nicht ihren bisherigen Erfahrungen zuordnen können.

Eva Kippenberg fordert im MinD-Magazin vom Dezember 2018, dass die Grundbedürfnisse nach Autonomie, Kompetenzerleben und sozialer Teilhabe in der Schule gestillt werden. Unter Autonomie versteht sie nicht die Summerhill-Einstellung, dass die Schüler lernen können, was und wann und ob überhaupt sie wollen, sondern dass sie sich eigenständig das vorgegebene Thema erarbeiten können. Auch sie hält Enrichment und ein beschleunigtes Lerntempo für ungeeignet und plädiert stattdessen für eine Binnendifferenzierung, damit sich ähnlich begabte Schüler in der Gruppe auf ihrem jeweiligen Leistungsstand den Unterrichtsstoff aneignen können.

Wenn ich lese, dass eine aktive Aneignung von Wissen Vorrang vor dem Auswendiglernen haben soll, muss ich an die Hauptschulklasse denken, die ich im letzten Berufsjahr in Deutsch unterrichten durfte. Einen Teil der Klasse kannte ich schon länger, sie waren leistungsstarke Schüler, die den mittleren Schulabschluss erreichen sollten und wollten. Und ja, auch an Hauptschulen befinden sich immer wieder sehr kluge und hochbegabte Schüler, die aufgrund ihrer Lernunfähigkeit heruntergereicht wurden. In dieser Klasse war vermutlich mindestens ein Schüler besonders begabt oder sogar hochbegabt.

Die Hälfte der Klasse war aus dem Philosophie- und Deutschunterricht von mir gewohnt, dass ich weniger abrufbares Wissen benotete als „gute" Fragen. So waren sie ständig gezwungen, zu überlegen, welche Frage zum Unterrichtsthema eine „gute" Frage war. Sie wollten auch regelmäßig wissen, ob ich eine Eins oder eine Zwei dafür notiert hatte. Bei falschen Antworten hatte ich mir angewöhnt, sie nicht zu kritisieren, sondern mich für ihren Mut zu bedanken und dafür, dass die ganze Klasse an ihrem „Fehler" lernen konnte. Ich war nicht die beliebteste Lehrerin, da ich wenig von mir erzählte oder sie nach ihrem Privatleben fragte, aber als eine Schülerin mir sagte, ich sei die einzige Lehrerin dieser Klasse, bei der sie eine Doppelstunde konzentriert blieben, machte mich das sehr glücklich. Wobei ich auch immer dann, wenn die Unruhe etwas zunahm und die Konzentration nachließ, ein paar Minuten Pause zum Essen und Trinken gewährte.

Sich Fragen zu überlegen gehört für mich zu einer lebendigen Aneignung von Wissen und verlangt, am Unterrichtsgeschehen teilzunehmen. Obwohl die Klasse eine Hauptschulsozialisation durchgemacht hatte (wenn ich diese Hauptschule auch für eine sehr gute halte), profitierten sie doch fast alle von der eigenständigen Art zu lernen. Sicher nicht nur wegen meines Deutschunterrichts, aber vielleicht auch deshalb, erreichten 13 von 23 Schülern die Qualifikation und damit die Möglichkeit, in die gymnasiale Oberstufe zu wechseln.

Schule hat es heutzutage noch schwerer als in vergangenen Zeiten, zum Lernen zu motivieren. Ihrem Verstand entsprechende Aufgaben, die sie lösen können und die sie glücklich machen, finden vor allem Jungen in Computerspielen. Viel spannender als der Unterricht bewirkt auch das Aufsteigen zum nächsten Level eine Erhöhung ihres Selbstwertgefühls und macht sie durch die Dopaminausschüttung, die sie sonst nicht erfahren, leicht abhängig.

Schule müsste deshalb die Aufgabe haben, Gebiete zu finden oder an Themen anzusetzen, für die Schüler eine Leidenschaft entwickeln. Da das sehr unterschiedlich sein kann, sehe ich vor allem in einem differenzierten Unterricht dafür eine Chance. Deutlich wird dieser positive Effekt aufs Lernen vor allem bei der letzten Schulerfahrung von Agatha Christie und bei Peter Zadeks, je nach Lehrer, wechselnden Lieblingsfächern, aber ebenso bei der Begeisterung für Musik, wenn sie von einem wertgeschätzten Menschen übersprang.

Ein Gebiet, für das sich viele der hier genannten Personen begeisterten, ist die Natur, die oft stark als Gegensatz zum schulischen Unterricht empfunden wird.

Von Albert Schweitzer ist seine Tierliebe bekannt, weniger vielleicht, dass er seine Begeisterung für die Natur mit Gedichten und Zeichnungen zu äußern versuchte. Auch an Marion Dönhoffs Schilderung der Jahreszeiten erkennt man ihre Liebe zur Natur. Hier ein Auszug: "...Aber kein Autor, auch kein Lyriker, kann poetischer sein als ein herbstlicher Morgen, an dem man noch im Dunkeln zum Pirschen aufbricht. Wenn die Sonne aufgeht und in ihrem ersten Strahlen der Tau auf den Wiesen wie Diamanten funkelt, wenn der ferne See durch die Bäume schimmert, dann fühlt man sich dem Wesentlichen zum Greifen nah. ..." . (S. 25, von Kuenheim) Und Bertolt Brechts frühe Gedichte beinhalten immer wieder Naturbeobachtungen (Bäume, Wolken…). Von Bismarck heißt es, er habe sich „…auf dieser Lehranstalt nicht recht wohlgefühlt. Wie stets auch später erfüllte ihn in der Großstadt die Sehnsucht zum Lande und die Liebe zu den Bäumen." (S.13) Mendels Vater züchtete Obstbäume, in der Dorfschule wurde Naturgeschichte unterrichtet und ein Versuchsgarten gehörte auch dazu.

Neruda, der als Kind seinen Vater begleitete, wenn er als Zugführer Landarbeiter und Steineklopfer fuhr, beschreibt seine Faszination für den Urwald und dessen Fauna und Lichtverhältnisse damit, dass die Natur ihn „trunken" machte. Er steckte die Arbeiter mit seiner Begeisterung an und sie halfen ihm, „Schätze" zu finden. (S.13)

Ruskin, der keine gleichaltrigen Freunde hatte, zog sich nach dem Lesen und Lernen am Vormittag in den Garten zurück, beobachtete die Natur und redete mit Blumen und Blüten. (S. 207)

Und in der Brigitte-Biographie steht über Claude Monet, wen wundert´s, „Schule bedeutet Gefängnis, lieber ist er am Strand." (S.20)

Gerade im Grundschulalter wäre es sinnvoll, Naturerlebnisse stärker in den Unterricht einzubeziehen, als es bisher mit einem jährlichen Wandertag geschieht. An Mendel sehen wir, dass es sogar einen Einfluss auf die spätere Lebensaufgabe haben kann.

Begabung ist also nicht nur biologisch feststellbar, sondern kann pädagogisch blockiert oder gefördert werden, und zwar bei jedem IQ. Sicherlich sind Grenzen vorhanden, nicht alle Schülerinnen und Schüler in meiner letzten Deutschklasse schafften den Notendurchschnitt für eine höhere Schulform.

Vielleicht ist meine Art zu unterrichten ihnen auch nicht so gerecht geworden wie den Leistungsstärkeren.

Deshalb sollte, entgegen allen politischen Ideologien, überlegt werden, ob leistungshomogenere Gruppen für Schüler jeden Begabungsniveaus und jeder Leidenschaft nicht bildungsgerechter wären. Mir schwebt vor, dass es leistungsstarke Gruppen für Mathematik, Naturwissenschaften, Kunst, Sport und die weiteren Fächer gibt, solange eine ausreichende Binnendifferenzierung nicht funktioniert. Die dort unterrichtenden Lehrer sollten ihr Fach lieben. Und ja, Inklusion wäre das auch, wenn das praktisch oder sportlich begabte Kind mit seinesgleichen unterrichtet wird und in allen Fächern ihm genehme Herausforderungen erlebte, die es mit guten Noten leisten kann und an denen es wächst. Dann würde das Mobbing verringert und auch das dreigliedrige Schulsystem könnte abgeschafft werden, das dazu führt, dass Fünftklässler in der Hauptschule meinten, ihre Lebenschancen seien verspielt, da sie nicht den Weg in eine höhere Schulform geschafft hatten. Die Gesamtschule nähert sich meiner Vorstellung schon etwas an, allerdings wünsche ich mir noch eine stärkere Differenzierung, die Schüler glücklich machen könnte, weil sie in Kunst oder Technik oder Sport in der Gruppe der Talentierten wären. Vorteile hat auch die Laborschule des Hartmut von Hentig, der Schule als „Lebens- und Erfahrungsraum" sehen will. Stark individuelles Lernen wird in einer Gruppe den anderen Schülern mitgeteilt. So versucht er, den Unterschieden gerecht zu werden, ohne die Gemeinschaft aufzugeben. (u.a. S. 221ff). Allerdings können nicht alle hochbegabten Schüler gut alleine lernen, oft erleben sie das als zu langweilig. Deshalb favorisiere ich leistungsähnliche Gruppen, die sich gemeinsam einen Stoff aneignen, darüber nachdenken und diskutieren können. Die Defizite bei Hochbegabten im Bereich der Teamfähigkeit, der Kontaktfähigkeit und der emotionalen

Stabilität könnten durchweg daran liegen, dass sie sich in Schule und Beruf selten in einer leistungshomogenen Gruppe befinden. (Zusammenhänge zwischen Hochbegabung und berufsbezogenen Persönlichkeitseigenschaften, S. 9)

Ohne sie erlebt zu haben, halte ich auch viel vom Prinzip der demokratischen Schulen. Ein großer Teil des Unterrichtsstoffs wird eigenständig erarbeitet, so ist sogar Gleitzeit möglich. Dann können die jungen Menschen ihrem Biorhythmus gemäß arbeiten.

Zusammenfassend lässt sich sagen, dass ein individuellerer Unterricht (Privatunterricht oder Differenzierung in kleinen Gruppen) und ein geduldiger Umgang mit schwierigen Hochbegabten, ihre Heranführung an strukturiertes Lernen und Denken, unbedingte Loyalität der Eltern (wir denken an die Mutter von Sauerbruch, die dem Lehrer, der ihrem Sohn Intelligenz absprach, eine grandiosere Zukunft ihres Ferdinands prophezeite, als sie der Lehrer hatte), Widerstände, die der Anstrengung lohnen und stark selbstbestimmtes Lernen genauso wichtig sind wie eine fördernde Lehrerpersönlichkeit und ein festes Ziel vor Augen.

Aber auch, wenn das nur teilweise oder gar nicht gegeben ist, und wie oft habe ich mich meinen eigenen Kindern gegenüber nicht sehr loyal verhalten, so erreichen auch von den Schulversagern etliche ein ihnen wichtiges Ziel. Nicht alles liegt in der Hand der Familie und der Erzieher, gerade Hochbegabte können auch gut darin sein, sich aus sich selbst heraus zu entwickeln.

Literaturverzeichnis

Biographien:

Schulz, Berndt: Woody **Allen**; Bergisch Gladbach, 1989

Boyd, Malcolm: Johann Sebastian **Bach**; Stuttgart 1984

Banach, Stefan https://de.wikipedia.org.wiki/Stefan_Banach vom 18.04.2019

Busch, Eberhardt: Karl **Barth**s Lebenslauf; München 1975

Bausch, Joe und Marie-Anne Schlolaut: „Ich habe eher die Fresse für Härte"; KSTA Magazin

18.03.2019 S.2f

Mommsen, Wilhelm: **Bismarck**; München 1959

Bohrer, Karl Heinz: Granatsplitter; München 2017, 2. Auflage

Schuhmann, Klaus: Der Lyriker Bertolt **Brecht**; München 1971

Chaplin, Charles: Die Geschichte meines Lebens: Stuttgart/Hamburg 1964

Steenfatt, Margret: Charlie der Clown; Hamburg 1983

Christie, Agatha: Meine gute alte Zeit; Bern/München/Wien 1977?

Doorly, Eleanor: Madame **Curie** die das Radium fand; Olten/Stuttgart/Salzburg 1960

Barraqué, Jean: Claude **Debussy**; Hamburg, 1980 zweite Auflage

Kuenheim, Haug von: Marion **Dönhoff**; Hamburg 1999

Schwarzer, Alice: Marion Dönhoff; München 1997

Josephson, Matthew: **Edison**; In: Menschen die die Welt bewegten; Stuttgart/Zürich/Wien 2000   zweite Auflage

Fölsing, Albrecht: Albert **Einstein**; Frankfurt am Main, 1994 dritte Auflage

Schöpf, Alfred: Sigmund **Freud**; München 1982

Stegemann, Michael: Glenn **Gould**; München 1992

Friedenthal, Richard: **Goethe**; München 1999 12. Auflage

Götting, Franz: Chronik von Goethes Leben; München 1963

Ruge, Gerd: Michail **Gorbatschow**; Stuttgart/München 1990

Rolland, Romain: Georg Friedrich **Händel**; München 1985

Hagen, Eva Maria: Eva jenseits vom Paradies; Berlin 2005

Guthke, Karl S.: Gerhart **Hauptmann**; München 1980 zweite Auflage

Ferguson, Kitty: Das Universum des Stephen **Hawking**; Düsseldorf/Wien/New York/Moskau 1992

Karalaschwili, Reso: Hermann **Hesse**; Frankfurt a. M. 1993

Hildebrandt, Dieter: Ich musste immer lachen; Köln 2008

Hildebrandt, Dieter und Ensikat, Peter: Wie haben wir gelacht; Berlin 2013 3. Auflage

Härtling, Peter: **Hölderlin** Ein Roman; München 2003 6. Auflage

Iacocca, Lee und William Novak: **Iacocca**; Frankfurt/Berlin 1987 76.-105. Tsd.

Henning, Peter: James **Joyce** Genie mit großer Klappe; Brigitte Biografie 4/2015

Reininger, Robert: **Kant** – seine Anhänger und seine Gegner; München 1923

Sperr, Monika: Petra Karin **Kelly**; München 1983

Beahm, George: Stephen **King**; Bergisch Gladbach 1995 zweite Auflage

Köhler, Horst mit Hugo Müller-Vogg: „Offen will ich sein – und notfalls unbequem"

Hamburg 2006 zweite Auflage

Wölfel, Kurt: **Lessing**s Leben und Werk in Daten und Bildern; Frankfurt a. M. 1967

Wilde, Harry: Rosa **Luxemburg**; Wien/Zürich/München 1986 zweite Auflage

Harpprecht, Klaus: Thomas **Mann**; Hamburg 1996

Sajner, Josef: Johann Gregor **Mendel**; Leipzig 1973?

Kupferberg, Herbert: Die **Mendelsohn**s; Tübingen und Stuttgart, 1972

Martin, Jay: Henry **Miller**; Düsseldorf 1980

Miller, Henry: Jugendfreunde; Hamburg 1990

Wolter, Carla: Claude **Monet** Fang das Licht; Brigitte Biografie 4/2015

Gruber, Gernot: **Mozart**; Frankfurt a. M. 1995

Leonhart, Dorothea: Mozart; München 1991

Neruda, Pablo: Ich bekenne ich habe gelebt; Darmstadt/Neuwied 1974

Obama, Michelle: Becoming; München 2018 zweite Auflage

Krüger, Herman Anders: Wilhelm **Raabe**; Osnabrück 1942 oder davor

Saitschick, Robert: Denker und Dichter; Erasmus **von Rotterdam**, **Montaigne**, **Pascal**, **Swift**, **Puschkin**, **Tolstoi**; Zürich 1949

Reich-Ranicki, Marcel: Mein Leben; München 2000

Sadat, Jehan: „Frieden mit Israel – das wäre wunderbar"; Autobiographie; Augsburg 1987

Sauerbruch, Ferdinand: Das war mein Leben; München 1950?

Von Wilpert, Gero: Chronik von **Schiller**s Leben und Schaffen; In: Schillers Leben und Werk in   Daten und Bildern; Frankfurt a. M. 1966

Schwarzer, Alice: Romy **Schneider**; München 2000

Christaller, Helene: Albert **Schweitzer**; Berlin 1933, 21.-23. Tausend

Pierhal, Jean: Albert Schweitzer; München 1962

Speer, Albert: Erinnerungen; Berlin 1969, 2. Auflage

Mayer, Anton: Johann **Strauß**; Wien/Köln/Weimar/Böhlau 1998

Köpf, Peter: **StO!BER**; Hamburg/Wien 2001

Bron, Jean: Leo Tolstoj; Lausanne; Hamburg 1966

Ullmann, Liv: Wandlungen; Bern/München/Wien 1976

o.N., Interview Catalin **Voss** „Ich wusste, dass ich erstklassige Noten brauchte"; SRH November 2016,

        Heidelberg

Leinert, Michel: Carl Maria von **Weber**; Hamburg 1978,17.-19. Tausend

Borgelt, Hans: Grethe **Weiser**; Berlin 1971, 36.-50. Tausend

Weizsäcker, Richard von: Vier Zeiten; Berlin 1977

Zadek, Peter: My Way; Hamburg 2000

Sekundärliteratur

Boehnke, Klaus: Gute Schüler – als Streber ausgegrenzt; In: Psychologie heute compact, Heft 16, 2007

Hemmerde, Gardy: „Was heißt denn hier hochbegabt?"; Saarbrücken 2012

Kaufmann, Scott Barry: Ist der IQ ein Persönlichkeitsmerkmal? In: MinD-Magazin 121, Dezember 2017

Schwiebert, Andrea: Kluge Köpfe, krumme Wege?; Paderborn 2015

Kippenberg, Eva: Enttäuschende Geschenke; In: MinD-Magazin 127, Dezember 2018

Ott, Ursula: Aus dem Leben eines Strebers; GEOWissen Nr. 31/2003, S.112ff

Hentig, Hartmut von: Die Schule neu denken; München/Wien 1994, 3. Auflage

Eder, Dorothea: Benachteiligte Überflieger?; Facharbeit Ursulinengymnasium Köln, 2017

Van Dülmen, Andrea (Hrsg.): Frauen; Ein historisches Lesebuch; München 1988

Bleuel, Nataly: Wir waren mal schlauer; Die Zeit, Dossier, 28.03.2019

Online:

Hossiep, Rüdiger, Philip Frieg, Renate Frank und Heinz-Detlef Scheer: Zusammenhänge zwischen Hochbegabung und berufsbezogenen Persönlichkeitseigenschaften; www.testentwicklung.de/man/forschungsbericht_bib_hb.pdf, Ruhruniversität Bochum, Stand 04.03.2012

Eckerle, Anne: Neurobiologische Forschungsergebnisse – Folgerungen für die Hochbegabtenförderung; https://www.hochbegabtenhilfe.de/neurobiologische-forschung-zur-hochbegabung/ Institut für Leistungsentwicklung, 30.12.2018

Eckerle, Anne und Thomas: Ursachen für misslingende Schulkarrieren von hochbegabten Kindern; https://www.hochbegabtenhilfe.de/ursachen-fuer-misslingende-schulkarrieren/ Institut für Leistungsentwicklung, 30.12.2018,

Sehr zu empfehlen: www.können-macht-spass.de
Informationen und Materialien zum kostenlosen Gebrauch

Bibliografische Information der Deutschen
Nationalbibliothek:
Die Deutsche Nationalbibliothek verzeichnet diese
Publikation in der Deutschen Nationalbibliografie; detaillierte
bibliografische Daten sind im Internet über http://
dnb.dnb.de abrufbar.

Herstellung und Verlag: BoD – Books on Demand,
Norderstedt

ISBN: 978-3-7528-8781-5